Sentimientos

REGLA TERESA DOMINGUEZ

NEWMAN SPRINGS PUBLISHING
320 Broad Street
Red Bank, NJ 07701

Primera publicación original de Newman
Springs Publishing 2021

ISBN 978-1-63692-771-8 (Versión Impresa)
ISBN 978-1-63692-772-5 (Versión electrónica)

Libro impreso en Los Estados Unidos de América

Datos de los colaboradores
Cubierta: José Luis Colina Rodríguez – Artista visual
Corrección: Idalmi Díaz Rivas - EBENEZER Producciones
Cuba
Coordinador General y Edición: Gelacio Alberto
Dominguez Prieto - EBENEZER Producciones Cuba
Traducción: Pedro Valois Dominguez – PhD en Educación.
CICEP, México

Obra Plástica en la cubierta
Título: Sentimientos
Técnica: Óleo sobre lienzo

Dedicatoria

Este pequeño libro de versos va especialmente dedicado a las personas que han impactado en mi vida, y que han desarrollado en mí quien soy hoy; personas que he amado, amo y amaré incondicionalmente, y de quienes siempre he recibido apoyo.

A mi hijo, mis padres, mis hermanos, pero en especial, a mi amado esposo, por el hermoso amor que vivimos, que se vio interceptado por su partida. Es esta, una revelación escrita, una fuga de alivio a su ausencia.

A nuestro amor y el amor a nuestro hijo, va dedicada esta obra.

Agradecimientos

Doy gracias a todas las personas que me ayudaron a la realización de este pequeño sueño hecho realidad. A mi hermano por la colaboración y conexión con el artista visual encargado de la cubierta del Libro, que supo mostrar en esa imagen la excentricidad del desnudo del alma de una manera muy propia de reflejar el interior de mis sentimientos: la soledad, el miedo, la nostalgia, el dolor, el amor, la impotencia, las frustraciones y la plenitud, durante una etapa de mi vida, la cual definió el origen de este pequeño libro de versos, expulsando al exterior toda manifestación de exhaustación humana, para dejar solo un cuerpo desnudo de emociones.

cita

*Jehová recompense tu obra, y tu remuneración
sea cumplida de parte de Jehová Dios de
Israel, bajo cuyas alas has venido a refugiarte.*
Ruth 2:12

Índice

Prólogo

Como Poemario, Sentimientos anuda su esencia y su estilo en la fuerza de una personalidad y de una experiencia vital. De aquí, su hilo unificador y sello exclusivo, en la madeja emocional de un alma capaz de salir al mundo exterior en palabras precisas.

Porque, lejos de un sentimentalismo puramente emotivo, cada poema del Libro contiene y derrama el sentir en forma de convicción. No se trata de hacer llorar, ni de recrear emociones a flor de piel. La complicidad con el lector nace de reacciones universales frente al dolor, el amor, la impotencia, la desesperación y también, la esperanza.

Más allá de la nostalgia, más allá de la soledad, ... queda un homenaje, una especie de reconocimiento a través de la vida, hacia los seres inolvidables, los que diseñan genética y espiritualmente las relaciones cercanas de todo ser humano.

Sin embargo, no prevalece la tónica existencialista ni filosófica. Por el contrario, los versos traducen vivencias concretas. Al leer, surgen imágenes claras, a manera de cápsulas. Renace la calidez de una mirada, el olor o el físico de una persona, el sueño que vence al pensamiento ... Pero, descrito en términos sencillos, en una especie de monólogo interior, que se explica a sí, se pregunta y se responde, a la vez que muestra el significado de un sentimiento con objetividad.

No choca, entonces, la extensión mayor o menor de un verso. Las ideas fluyen cual conversación de total naturalidad, sorprendente al convertir en poema lo que se piensa, a veces en un correr inapresable de reflexión cotidiana. Importa, sobre todo, la exactitud de la imagen y de la idea, aunque se requieran licencias creativas para lograrlo.

El tono íntimo, que marca la primera persona en muchos de los textos, justifica la libertad estilística de los versos, sin atarse a la métrica estricta ni a la rima convencional. No obstante, el ritmo late con la fuerza del corazón dentro de las estrofas o las líneas sucesivas, como ráfagas que no pueden detenerse, apenas en signos que marcan el aire y el tono por encima de la Gramática.

Anáfora, enumeración y contraste de frases e ideas, identifican, embellecen y vinculan los Poemas, diversos como la propia inspiración y los sucesos de la realidad.

La Metáfora recurre con espontaneidad asociativa y no por puro esteticismo, tanto como los cierres a modo de sentencia, síntesis precisa del sentimiento y del móvil inspirador.

Difícil resultan las clasificaciones en un texto tan auténtico como antiformalista. Los temas, de amplia frecuencia, oscilan de la revelación interior hasta la declaración de principios y la postura social como denuncia implícita.

Reafirmar y no simplemente recordar; revivir en lugar de morir o dejar que la memoria muera; transformar la emoción en creación, definen esta primera Obra sin transcendentalismo, pero sí desbordante de la experiencia compartida en el devenir de una y tantas, tantas personas.

Idalmi Díaz Rivas

Absurdo

Desde mi balcón observo
el adormecido cielo;
parece que se le cierran los ojos
porque va cayendo la tarde
y la arrogante fragancia de esta perturbadora noche,
deja claro que se está yendo el día.

Me entristezco al ver la empatía de la noche
y saber que pasaré horas despierta,
añorando el creciente día
que tardará en llegar
si no cierro los ojos.
Y ya cansada de mirar la luna
que desde mi ventana
me da las buenas noches,
caigo rendida en los brazos de Morfeo
tal como una emperadora.

Al Cerrar Tus Ojos

Al cerrar tus ojos
se cerró la puerta a mi esperanza;
se paró el reloj a las 2:56 pm.
Recuerdo que empezó a llover sin cesar.
Pareciera que hasta el cielo lloraba tu pérdida;
todo se hizo confuso y oscuro;
una nueva etapa comenzaba para mí.

Al cerrar tus ojos
para mí fue un reto a la vida
al mirar al resto de la humanidad
con ojos heridos, llenos de lágrimas.
Se apagó la ilusión al amor;
surgió una nueva persona en mí
que tomaría tiempo empezar a conocerse.

Al cerrar tus ojos,
es indescriptible la necesidad de ti.
Se declaró un desafío a la vida;
comenzó una comunicación virtual y espiritual entre
        nosotros
para poder subsistir; para vencer los obstáculos que
        vendrían;
para poder ofrecer brazo fuerte a mi hijo;
para ser el apoyo al resto de la familia.
Pero créeme mi cielo, que hay una esperanza de volvernos
        a ver
al cerrar mis ojos.

Al Nacer

Para tu Papá representas
una nueva figura
que conllevaría amor,
responsabilidad, tiempo,
dedicación, ejemplo.

Para tu Mamá representas
una continuidad de un ser que debería amar,
alimentar, cuidar y velar
porque creciera sano y fuerte.

Para los dos, representas
un fruto dulce y atractivo que al madurar
sería servido a la sociedad.
Representas una joya muy valiosa,
que se puliría y protegería a toda costa
para hacerla brillar al exterior en su momento.

Representas, un símbolo,
que sellaría un amor vivo, creciente y ardiente
que duraría aún más allá
de que se perdiera el aliento.

Tú hijo, nuestro fruto, joya y símbolo
representas tanto para nosotros
que eres la razón de nuestras hazañas,
nuestros sueños, nuestros retos,
nuestros triunfos, nuestras vidas.

Amor

Amor, es desnudar el alma;
es revelarte a lo posible y lo imposible;
es vencer,
es arrancar y llegar a la meta, es darlo todo,
con o sin riesgos
aun sin recompensas.

Amor, es hermoso vivirlo;
porque te transforma,
te hace manifestar todas las emociones;
alegría, celos, tristeza, enojo, placer, dolor...
Y te transporta a lo desconocido,
a otra dimensión
que no te interesa si la conoces o no.
Te hace fuerte,
te hace débil;
y te compromete a dar todo de ti,
sin pretenderlo.

Amar es bello,
es un sentimiento divino.
Con amor puedes crear un ser humano,
un mundo mejor.
Y vivir plenitud.

Amor en Tinieblas

Amor a gritos,
amor en silencio,
amor que duele,
amor que derrama amor,
amor que deposita energía,
valores, sueños, deseos, retos, confianza,
ternura, seguridad, creencias, raíces.

Amor que crece
como árbol de mostaza
inmenso en ramas y
frondoso en frutos.

Amor que desencadena amor
al prójimo, a los tuyos, a extraños,
a enemigos y amigos.

Amor que se transmite como
flujo de corriente eléctrica,
como sangre
circulando por las venas.

Amor que se teme;
porque hay mucho amor,
amor de décadas,
de generaciones, de futuro.

Amor de paisajes,
de memorias,
de libros, de olores.
Amor sin medidas, sin restricciones,
sin control.
Solo ese amor desmesurado palpitando por ti;
mi amor en mí.

A Mi Dios

Alguien me preguntó un día
¿Y por qué no le escribes a Dios?
¡Humm, buena pregunta!
A mi Dios
le hablo a diario.
¿No es Dios quien me sostiene?
Él sabe todo de mí.
Con mi Dios tengo charlas en diferentes momentos del día.
Él no se aburre de mí.
No deja de contestarme
ni ignora mis llamadas.
Siempre atento a escuchar mis plegarias,
mis halagos, mis cánticos, mis oraciones …
Él es constante.
Él es paciente.
Dios es, la luz en el camino.
Por eso debemos ir a Él
En busca de guía, sabiduría, entendimiento …
Sin su compañía podemos perdernos.
Él es amor y paz.
No siempre presto a contestar cuando a Él clamo.
Pero, es increíble cómo me hace entenderlo,
justificarlo y aceptarlo, cuando calla o cuando me responde
de forma diferente a la que espero,

Él sabe todo de mí,
aun cuando no ha pasado.
A Él no necesito escribirle.
Él está al día conmigo y sabe cuánto significa en mi vida.

Los hermanos humanos tenemos que recordarnos
cuánto nos amamos,
cuánto hacemos el uno por el otro.
Él no … Él es en nosotros mismos nuestra sombra,
nuestra pregunta, nuestra respuesta,
el aire, el agua, el alimento que nos sostiene.
Es nuestra luz, nuestro pronto amparo.
Es todo en uno. ¡Es Dios!
Él, no necesita que le escriba, a Él le canto.
A Él le agrada que le hable más.

A través de Mis Ojos

Veo la luna llena de tus ojos,
la Navidad de tu sonrisa,
el abanico de tus manos,
que se mueven
con sabiduría mecánica de experta madurez.
Respiro la fragancia de tu sudor
acompañada de la memoria de tus años.

A través de mis ojos,
quiero recordar tu sencillez,
el murmurar de tus labios
maltratados por el tiempo, pero que aún permanecen como
dos líneas paralelas,
del cual brotan soplos de amor,
ternura y esperanza.

Quererte y recordarte es presente y futuro.
Es tenerte aquí. Observarte.
Eres mi roca sólida, y al mismo tiempo, mi suave terciopelo
donde descansa mi espíritu.
Has sido la idea central en el párrafo de mi vida;
por lo que me he regido en el andar del tiempo.
Eres tú, Madre, a través de mis ojos.

Atropellados

Silencio, murmullos, gritos
dentro de mis labios,
dentro de mí, atropellados.

Ideas, propósitos, metas
dentro de mis pensamientos,
dentro de mí, atropellados.

Acciones inconclusas, confusas,
vagas, inseguras
dentro de mí, atropelladas.
Y me pregunto, ¿es posible desmenuzar
este atropello, que me sumerge
en un inmenso mar de preocupaciones
y ahogan el espíritu de mantenerme viva.
Y luego, flotando en este atropello atropellado
que repentinamente cesa, golpeando
una inmensa pared de fe y esperanza futura
que fortalece mis labios, mis ideas, mis acciones.

Ausencia

Suda el exterior de las paredes
por el rocío de la mañana.
Temprano, el pájaro canta
para mostrar su presencia.
Se desvanece la rosa fatigada,
el aire se lleva lo sucio y trae polvo...
Tú no estás.
Todos se han ido,
y yo sigo respirando,
padeciendo del dolor de no verte;
de la indiferencia justificada
del amor de mis entrañas;
del miedo, de las circunstancias.
Aun así, la ciudad sigue en pie.
Las casas, los autos, la gente, las paredes,
las rosas, el polvo, mi hijo, tu ausencia y yo.

Creo

Creo en la puesta del Sol
creo en la sonrisa de un niño
creo en el mensaje de una buena predicación
creo en las alternativas, en opciones,
y en las buenas vibras.
Creo en la determinación del ser humano
creo en los valores personales
creo en los milagros y la gracia divina
creo en el poder de la oración,
creo en la familia
creo en el amor de mi esposo
creo en los valores de mi hijo
creo en mi fortaleza espiritual.
Y por todo esto, creo que podemos soñar
e idealizar los sueños,
y lograr realizarlos en cualquier parte del mundo,
donde estemos.

Chamaco

Escuché de un muchachito
que a su temprana edad
hacía maravillas;
se subía en las cavillas
daba vueltas como un trompo
elástico y audaz
y no miraba el peligro.
Resulta que ese niñito
modesto y muy educado
tenía muy bien guardado
a un Dios en su corazón.
Y con su habilidad, fe y su don
partió a otra ciudad
ganando un galardón.
Como miembro de un equipo
deportivo triunfador
en este mismo año
se le reconoció
porque lo mismo en la barra,
en el salto o en las paralelas
él arrasa en lo que sea.

Te cuento que, a este muchacho delgadito,
pero de músculos definidos y de estatura pequeña
le llamaban niño Estrella
sus compañeros de aula
porque en él había el afán
de compartir y ayudar a los más necesitados
y a eso le queda agregado
su porte y su conducta.
¡Vaya que nos resulta
un destacado deportista
que viaje al mundo
y que insista
en romper records y triunfos.

… dedicado a mi sobrino Josué.

Dentro de Mí

Dentro de mí,
un manojo de emociones;
una trágica tristeza;
un precipicio de lágrimas,
un abismo de soledad,
un desenfrenado deseo de amarte.
Un desafío a este sentimiento
de no aceptar perderte.

Desde Que No Estás

Cada proyección es blanco y negro.
Como si los colores de todo lo que me rodea
hubiesen desaparecido.
Cada alegría es, un sin sabor;
cada risa es, una mueca
cada día es, un ensayo
cada labor es, mecánica
cada paso al caminar, es forzado.
Solo llantos, solo suspiros,
solo soledad está conmigo,
desde que no estás.

Desprovista

Lentamente remuevo la ira
por tu ausencia.
Despacio dejo caer la angustia, la desesperación y la
incertidumbre de que no te veré más.
Suavemente y aún con lágrimas en mis ojos
quedo desprovista de emociones.

Quedo quieta por un instante, e interiorizo
que no habrá más tus besos, tus abrazos,
tu mirada profunda que desnudaba
mi cuerpo y mi mente;
tu sentido común a todas nuestras cosas,
tu risa, que contagiaba y se esparcía hacia otros.

Aún sin prisa, y desnuda de emociones
intento cubrir mi dolor con el amor de nuestro hijo,
con el amor que nos tuvimos,
con la fe y con la esperanza
de que algún día nos volveremos a ver.

Devuélveme

Han pasado ocho años,
y no veo solución.
Por favor, devuélveme mi brazo ausente
para sostenerme;
mi pierna derecha perdida
para irme a lugares lejos, sin pensar en el peligro.
Mi corazón todavía sangra,
haz parar esta hemorragia.
Mis ojos agrietados
porque están secos de tanto llorar,
piden volver a sonreír
y ver la vida con ojos iluminados
llenos de sueños otra vez.
Devuélveme
mis pasos seguros a donde ir,
porque ellos no quieren andar solos,
piden compañía.
Y qué puedo hacer con mis palabras
que solo escuchan mi eco,
como monólogo;
que piden a gritos con quién conversar.
Devuélveme
quien era antes que partieras,
porque he perdido el rumbo.
Tú me enseñaste mucho de la vida:
cómo avanzar y ser la primera, pero no
cómo hacer si soy la última.

Ella

Ella camina ligera.
Pareciera que la carga que lleva,
no le pesara.
Sonríe y no es una mueca elaborada,
es una sonrisa genuina.
Te habla de sus proyectos determinada y resuelta.
Pero Dios conoce sus miedos, sus inseguridades...
Porque Él es su compañero y testigo
en las constantes charlas del día.

Ella da aliento a otros
si lo necesitan.
Pero ella, está atrapada en su juicio, en su pena...
Pronta para suministrar a los suyos,
pero lenta y dudosa
para suministrarse a sí misma.

Ella es apasionada y dedicada en todo lo que hace.
Amó apasionadamente
y fue amada de igual manera.
Encontró su otra mitad,
su horóscopo compatible,
su química en aventuras y sueños.
Mas duda que otra oportunidad igual aparezca.
Tenacidad y valentía son su portada,
pero en su cuaderno interior,
¡muchas contradicciones, desacuerdos, dudas, temores...
Y tienes que conocerla porque ella es singular;
es ella y ella soy yo.

Escape

¿Quién no se ha sentido alguna vez atrapado
en el mosquitero de los problemas de la vida,
donde su corazón late como "tambor de bembé"
sin encontrar salida.
Y es solo la sofocación
por solución a lo desconocido
lo que te lleva a la aventura del triunfo.

Países, provincias y ciudades
claman a su gente en desenfreno por hechos,
para que máscaras de frustraciones
y descontento por hambre y falta de trabajo
no fatiguen las mentes del obrero con acciones
irreversibles de violencia y temor.

Y solo el amor paternal
que brota del azul celeste
escape a la superficie
para calmar los enfurecidos puños.

Extraño

Una mañana lo vi llegar, atento, jovial.
Lo vi llegar, una mañana,
pero con mirada ausente de sentimiento hacia mí.
Lo saludé, me saludó,
me sonrió, le sonreí;
pero aún en su mirada un sentimiento ausente.
No vi intensión de afectuosidad hacia mí;
me mantuve a la expectativa,
ansiosa, deseosa de que sus manos me abrazaran
y rodearan mi cintura como solía hacer en décadas
para sentir su cuerpo ajustado al mío, su aliento...
Mas, no sucedió.
Y otra vez lo observé ausente, pero amable,
sin perder su carisma, hablaba elocuente
y entendí
que solo era mi amigo.
Había recuperado al mejor amigo,
mas había perdido mi gran amor.
Su mirada continuaba claramente
ausente de amor por mí.
Y dentro de mí,
un sentimiento roto,
un derrame, un fracasado encuentro
en este añorado encuentro de pasión
ardiente en mí.
Mas tú, un extraño y ausente sentimiento
en tus ojos.

Fluidos

Lluvia que cae del cielo y golpea estructuras;
y se desliza por sus paredes impactando el suelo.

Agua sucia que corre en alcantarillados,
torrencial agua que cae por gravedad
desde una potente cascada.

Lágrimas que ruedan por las mejillas
de una mujer que llora
porque ha perdido un ser querido.

Líquido frío, caliente o al tiempo
que pasa por nuestra garganta
refrescándonos y saciando nuestra sed.

Trombos que circulan en sangre
de arterias cleróticas.

Potente líquido negro, llamado petróleo
que brota con fuerza del interior
de la tierra hacia arriba,
desafiando toda gravedad.

Fluidos, líquidos,
que me hacen reflexionar
acerca de lo especial que son para la vida,
aun cuando reímos, lloramos, trabajamos
o servimos a la Patria.

Fuegos

Fundidos el fuego y la contaminación,
el sol rojizo se queja
del excesivo calor que lo sofoca.
Y apenas se ve una que otra nube blanca
manchada por el incendio
que arde desmesuradamente,
sin control,
arrasando y devorando todo lo que está a su paso.

El escenario de la extensa vegetación
teme porque sabe
que no pueden detener las gigantes llamaradas de fuego
que atacan agresivamente.
Y las estructuras de los edificios y negocios
así como algunos vehículos
no tienen a donde huir
y se van consumiendo
ante las voraces llamas.
La tarde pareciera casi noche;
pareciera envejecer
ante el maltrato del ardido fuego y sus llamas.

Gigantes

Conozco de gigantes que quieren derribar árboles
con sus manos;
mas no pueden siquiera
intimidar sus ramas
porque son tan pequeños
en propósitos e ideas.

Conozco de gigantes que amenazan
por su tamaño
mas, lejos de intimidar
provocan la risa de los pequeños.
Esos gigantes
que enfurecidos
miran hacia abajo, desafiando
personas sin estatus social,
personas con desorientada sexualidad,
sin reglamento, sin protección, sin un Dios definido.
A esos gigantes, los he visto destruirse
en su propia colonia
dejando un humo negro de estupor
y deshacerse, para dar comienzo a una nueva oportunidad,
a un nuevo mañana definido y cierto.

Herencia

Mi hijo,
te dejamos herencia
de valores, creencias, independencia, principios,
determinación, responsabilidad, honestidad,
dedicación, compasión, firmeza...
La sólida vivencia de que
siempre tus padres
estuvieron para ti
cuando lo necesitaste
con sus oraciones, sus consejos, su presencia o no,
siempre estuvimos cerca.

Herencia de un millón de palabras de amor,
de cientos de acres de fortaleza;
de enormes sembrados de confianza en ti mismo
y valiosas palabras de apoyo y seguridad.

Hay herencias de enfermedades,
de síndromes, de malos hábitos, de pobreza, disfunción,
alcoholismo, violencia...
Herencia de tabúes, de limitaciones;
también herencia de buena vida.

Quizás no tuvimos costosas joyas
y propiedades que dejarte
como herencia; pero fue más valioso
lo que heredaste en ti mismo
como ser humano;
esas cualidades que posees
y te hacen brillar y triunfar
y que logres tus propósitos.
Consideramos que eres afortunado.
Y así tus futuras generaciones, lo serán.

Hermanos

Como los dedos de la mano
hemos sido cinco hermanos
unidos, amorosos
que nos apoyamos uno al otro
y que una vez, como los dedos de la mano,
uno sostiene al otro, para poder retener
el trofeo de la vida
para el cual se necesita
solidaridad, paciencia, entendimiento
y mucha convicción del amor de Dios.

Como los cinco dedos de la mano
hemos retenido el curso de la vida
con papel y lápiz,
con herramientas de mecánica,
de botánica y de ciencia;
y concluido nuestras carreras
de conocimiento, que nos ha llevado
a establecer nuestras vidas, nuestras familias,
nuestros destinos, para segar frutos
de esa valiosa unidad
que se llama hermandad
y se compone
de los cinco dedos de la mano.
Así como nosotros cinco hermanos
que enorgullecen a sus progenitores
y a su descendencia.

Lágrimas del Corazón

Brotan lágrimas de mi corazón;
mis ojos están secos, sedientos y agrietados;
mis pensamientos atropellados
de dolor y angustia.
Brotan lágrimas de mi corazón
es imposible pensar, actuar…
Mis manos están paralizadas;
mis piernas inquietas, hoy están dormidas.

Brotan lágrimas de mi corazón;
aún puedo escuchar risas y conversaciones
de dos, tres décadas atrás;
buenos momentos, divinos momentos de plenitud.
Pero aún sigo quieta, inmóvil.

Brotan lágrimas de mi corazón;
extraño sus manitas pequeñas alrededor del cuello,
el brillo de sus ojos,
que solo eran para mí;
el esplendor de su carita perfecta
a su corta edad;
su amor, su sonrisa, su confianza
que le daban vida a mi corazón
que hoy brotan lágrimas de dolor.

Manos Extendidas

Poderoso contacto que hacemos
a través de ellas: las manos.
Manos para ofrecer ayuda al prójimo.
Con las manos, al estrecharlas a otras,
manifestamos agrado, sinceridad, respeto, cortesía ...
Manos para moldear con arte
la plastilina, el barro ...
y crear una figura estelar.
Manos para dibujar en papel, lienzo, o en la pared
una gráfica artística.
Manos para abrazar y acariciar la mejilla de tu pareja.
Manos para prescribir una receta de comida, o médica,
para curar al enfermo que necesita atención.
Manos para escribir un libro.
Manos fuertes de obreros del campo, de la construcción
o de la producción en cadena.
Manos para hacer magia.
Manos para robar objetos valiosos.
Manos para ser leídas por personas que practican la
        Quiromancia.
Manos para señalar al acusado
y clamar por justicia.
Manos para orar y ser elevadas en petición.
Manos para practicar deporte o tocar un instrumento
        musical.
Manos para manejar un equipo, un tren, avión o un
        vehículo.
Manos para el teclado de una computadora o de un piano.

Manos para practicar Artes Marciales o para disparar un arma.

Manos para sostener el trofeo del triunfo o la mano de tu hijo.

Manos para aplaudir una buena obra de Teatro o un exitoso cantante

después de su debut.

Manos para traducir el idioma del silencio.

Manos para dirigir el tráfico.

Manos para decorar vestidos, paredes o pasteles.

Manos fuertes, grandes, pequeñas, amarillas, blancas, negras,

delicadas, deformadas, sucias, ... pero

que se unen con una sólida idea y una sola voz ...

Unidad.

Mirando al Suelo

Desde tierras lejanas
observo la impotencia
y el dolor de los míos
ante el gemir de la tierra,
sacudiéndose entre paredes quebradizas
escombros, suciedad,
obstáculos políticos y materiales
que se van limpiando
con lágrimas de un cielo nublado y triste.

Sobre la tierra
en el camino, hay atrapadas
muchas pertenencias
mezcladas con descontento, temor, dudas…
que se disipan con la frustración.
Y brazos de diferentes colores
tratando de rescatar esperanzas.

Mirando al suelo
verde y rojizo
lastimado por la naturaleza del tiempo,
dolido por las circunstancias,
maltratado y avasallado
por sus gobernantes y tiranos
que no cotizan
el precioso valor de su gente;
gente valiente y apasionada por su terruño
que lucha por sus valores
y un mejor mañana.

Nave de Reflexiones

Quién como tú, que desde lo alto sobrevuelas
océanos, ciudades, elevaciones, sembrados;
que con tus alas asciendes y desciendes gradualmente
para ver con esos lentes de parabrisas
la perfección de la creación,
la simetría de los campos, la suspensión de las nubes,
el maravilloso colorido de la tierra,
contrastando con el color de la vegetación;
experimentando, una sensación de armonía heroica
cuando sabes que tienes el control de tu nave
para disfrutar con gusto de cerca o de lejos
todos y cada uno de los detalles que componen el universo.

Quién como tú, que planeas día tras día
realizar este mismo acto con nuevas apariencias
y experiencias; que ha visto el alba,
el atardecer y el anochecer de los días.

Quién como tú, que va puliendo y añadiendo horas,
añorando que muchos puedan ver el día y la noche desde lo
     alto,
en una nave de reflexiones,
para apreciar con pasión el próximo día que esta por
     acontecer.

… dedicado a mi hijo el Piloto.

Negro

Negro, el pizarrón.
Negro, el petróleo.
Negro, el carbón.
Negro es mi color.
Negro, el margen del cuaderno.
Negra, la tinta de mi pluma.
Negros, mis ojos.
Negro, tu pelo.
Negro, el sombrero del mago.
Negros, los frijoles.
Negro, el teléfono.
Negros, los zapatos míos.
Negro, el carro tuyo.
Negro, el gato.
Negro, el perro.
Negro, el murciélago.
Negro, el gorila.
Negra, una minoría de la población.
Negro, un color definido y distinguido.
Negro, el color de mi piel,
del cual me enorgullezco
clamando por la igualdad de derechos.

Oídos

Canal auditivo y
estructura componente
de los cinco sentidos,
por el cual atraviesa el sonido.

Oídos, para escuchar
los elogios de mi esposo
que hablan del amor que me tiene.

Oídos, para escuchar
su respiración cerca de mí.
Oídos, para escuchar ruidos estremecedores
de explosiones, derrumbes, catástrofes …
Oídos que delatan rumores aterradores
de falsos amigos.

Oídos, para escuchar el canto de un pájaro
y la melodía de una hermosa canción de amor.
Oídos que escuchan aliento, una ferviente oración,
motivación, una risa, un llanto, un relámpago o el silencio.

Ojos

Ojos con mirada altiva,
ojos tristes.
Ojos negros, verdes, azules.
Ojos envidiosos.
Ojos grandes y maliciosos.
Ojos como faroles
que alumbran el rostro del niño
ante un juguete nuevo.

Ojos con mirada cálida
para la esposa adorada, que recién baja del autobús
y es abrazada por su esposo
que la esperaba impacientemente.
Ojos para mirar al criminal
que será sentenciado en poco tiempo.
Ojos con mirada desgarradora
porque lloran la pérdida de su hijo, de sus padres o de su
        cónyuge.

Ojos rasgados o redondos.
Ojos para mirar
pobreza o riqueza,
comedia o drama,
el mar o el cielo,
el campo o la ciudad.

Ojos de ternura
para apreciar la criaturita que acaba de nacer.
Ojos de rebeldía u odio;
ojos de amor,

ojos de piedad,
ojos de venganza,
ojos de placer,
de gratitud, de cansancio, de inseguridad.

Ojos hinchados, irritados.
Ojos ciegos.
Ojos que representan la luz del cuerpo;
es la determinación a una acción,
por donde es aceptada o rechazada una comida,
una amistad o una proposición.
Ojos iluminados y brillosos
cuando son respondidos ante una oración del
        Todopoderoso.

Ojos inertes
que miran al más allá
porque han partido a descansar.
Ojos múltiples.

Preciso Instante

En ese instante donde el atardecer oscurece;
en ese instante donde se define la esperanza,
de la decepción; en ese instante donde caen las lágrimas
y cesa la incertidumbre; en que tu corazón deja de latir,
tus ojos de brillar, tus labios se resecan
y tus manos pierden fuerza.

En ese instante tú dirías:
Despedidme del sol y de los trigos;
despedidme del mar;
despedidme de caminos empedrados, de la vida,
despedidme de tu amor, de tus besos;
despedidme de ti, querida …
En ese preciso instante.

¿Qué Fuimos?, ¿Qué Somos?

¿Qué fuimos?
Fuimos dos chicos llenos de amor, de ilusiones, de deseos,
con una larga lista de sueños.
Fuimos una pareja feliz, realizada; con hogar, con hijo …
¡Fuimos nosotros!, ¡nosotros fuimos!
Con altas y bajas,
con alegrías y tristezas,
con tropiezos, fantasías eróticas, con milagros, con visiones;
con logros y fracasos.
Pero siempre juntos en nuestras plegarias.

¿Qué somos?
Tú polvo y yo materia;
tú un recuerdo, yo un presente.
Dos amores llenos de amor, separados por dos dimensiones.
Tú en el cielo, yo en la tierra.
Tú mirando tu ausencia y yo sufriéndola.
Yo viviendo una pesadilla, y tú en el paraíso.
¡Eso somos!, ¡somos eso!
Pero aún juntos en nuestras plegarias.

Tatuaje

Mi amor, ¡no te has ido!, aún respiro tu sudor.
Mis ojos permanecen despiertos y tu mirada en mí;
mis labios mojados por los tuyos, con sabor a ti.
Penetrante es tu risa, tu voz en mis oídos
desafiando mi memoria.
Mis manos todavía entrelazadas por las tuyas
fuertemente apretadas.
Y tú ahí, tatuado en mí
a pesar de pasar el tiempo.

Tempestad

Llueve afuera torrencialmente.
Llueve afuera y dentro de mí
hay tempestad.
Lluvia de lágrimas corren por mis mejillas
con relámpagos de sollozos.
Y parecen no cesar.

Luego viene la calma y vientos de pensamientos,
de melancolía y añoranza.
Como ráfagas
pasan por mi mente;
parecen no cesar.

Y buscando el cese a este mal tiempo,
con paraguas de coraza
detengo la lluvia de lágrimas
para que aparezca el arcoíris
y haga resplandecer mi rostro,
anunciando que no habrá más tempestad;
que el mal tiempo ha cesado
y que vendrán días de primavera.

Tú Me Das

Con ternura de esposo me miras,
como si quisieras retener en tu mente cada uno de mis
    rasgos.
Me sonríes dándome la confianza
de que todo el mundo es de los dos.
Y de esa misma manera
tú me das amor
tú me besas
tú me hueles
tú me cuidas
tú me mimas
tú me adoras
tú me complaces
tú me celas
tú me reclamas
tú te entregas no dejando otra opción en mí
que amarte y entregarme toda.

Única Razón

Razón para elevar la copa de vino
y brindar por mi historia.
Razón para mirar
por el parabrisas de mi carro, gente, sembrados, estructuras
y olvidar mi presente.
Razón para observar con anteojos el universo
y volar con mi imaginación a un sitio específico.
Razón para abrir la ventana de mi cuarto
y escapar, con solo una mirada al espacio.
Razón para ver la foto de mi hijo único
y saber que siempre tendré su amor, atención, su mirada
Razón para distinguir entre desafío y raciocinio
de mentes disfuncionales o excepcionales.
Razón para elevar mis manos y hablar con mi Creador,
y al bajarlas sentir nueva energía en todo mi cuerpo,
despertando en mí, amor, confianza, estabilidad
Razón para escribir
este libro de poesías y liberar toxinas
de ansiedad y depresión.
Única razón y razones
para agradecer por las cosas cotidianas,
las absurdas, las lógicas.

Verte

Impredecible, es que te vuelva a ver.
Errático, que siga pensando en nuestro amor.
Absurdo, que vuelva a escuchar tu voz.
Confuso, es mi manera de pensar en un futuro contigo.
Extraordinario, es recordar nuestras vidas juntos.
Satisfactorio, fue el tiempo que compartimos
durante todos estos años.
Admirable, que vieras lo que logramos hacer
de nuestro hijo y sus logros.
Inolvidable, el amor que vivimos
y lo que nos prometimos en vida y cumplimos;
lo que fuimos capaces de crecer y madurar uno con el otro.
Inalcanzables, fueron los días que nos quedaron por vivir
y el amor que nos faltó por darnos;
las maravillas que juntos hubiésemos conocido
y los milagros que hubiésemos concebido
si el destino nos hubiese dado más tiempo.
Agradecidos, de todo lo que fue posible lograr
gracias a este amor y lo que edificamos,
aun con nuestros errores.

Vicisitudes

Un nuevo año
ha llegado;
algo tan deseado
para la cura del virus
esperando dar un giro
de trescientos sesenta grados.
Haciendo un breve recuento
de este dos mil veinte
te diré ... ¿qué no hemos visto?
Desde actos de violencia, volcanes en erupción,
ciclones, fuegos, pandemias ....
Personas, que no te miento
han dejado este mundo de imprevisto
para partir con el Señor
quedando en su hogar
solo dolor y un vacío inmenso
en medio del desempleo
y la falta de alimentación.
Optimismo o decepción
son dos determinaciones
que debemos de tomar.
Seguir las recomendaciones
de las personas expertas:
Vacunarnos
no aglomerarnos,

y luchando todos juntos
de esa forma, cooperando
iremos todos juntando
cada granito de arena,
hasta dejar todo atrás
como una pesadilla
y mirar un nuevo año
que brilla
con salud, más empleos y unidad.
Realmente pareciera
que Dios se ha enojado
porque su pueblo no obedece.
Debemos crear conciencia;
dejemos las indulgencias
que no conducen a nada.
Inclinémonos ante ÉL
siguiendo las directrices
creciendo en fe y en amor
ante su llamado,
siendo perdonados
de cuantas faltas hacemos.
¡Y Ten por seguro, seremos
un mejor pueblo formado!
Amigos míos
Dios es amor
y quiere un mejor futuro.
Caminemos por favor, seguros
de que este nuevo año

será próspero y solidario.
Nada más
para confirmarlo
arrodillémonos y humillémonos ante ÉL
y veremos solución
a todos nuestros dilemas.
Con triunfo y satisfacción
tendremos un mejor mañana.
Abriremos puertas, ventanas,
aeropuertos y fronteras
sin mirar más las barreras
que antes nos limitaban.

Acerca del Autor

Regla Teresa Dominguez, nació en la ciudad de Santa Clara, Cuba, el 20 de septiembre de 1960. Hija de Gelacio Alberto Dominguez y Agustina Teresa Prieto, creció en un núcleo familiar de cuatro hermanos varones: Ángel, Mario, Gerardo y Gelacio. Ejerció la carrera de Odontología en su país natal por diez años.

Casada con Carlos Martín Rodriguez, de su matrimonio de veintiocho años tuvo un solo hijo, Carlos Alberto Rodríguez Dominguez. En 1993 fijó su residencia en EUA, donde radica, en la ciudad de Los Ángeles, California.

Sus poemas se enfocan en la familia, lo que aprecia y es un tributo a su esposo, al amor que se tuvieron y profesaron por su hijo.

El Poemario *Sentimientos* hace pública por primera vez su vocación como Escritora, con una obra inédita cultivada por años, pero, sin salir a la luz.

CPSIA information can be obtained
at www.ICGtesting.com
Printed in the USA
LVHW101950060622
720619LV00004B/711

9 781636 927718